TRAITÉ

DES CORSETS.

AUX MÈRES DE FAMILLE

ET

AUX DIRECTRICES DE PENSION.

L'observation constitue l'art et mène à des
applications utiles.

PARIS. — IMPRIMERIE DE COSSON,
rue Saint-Germain-des-Prés, 9.

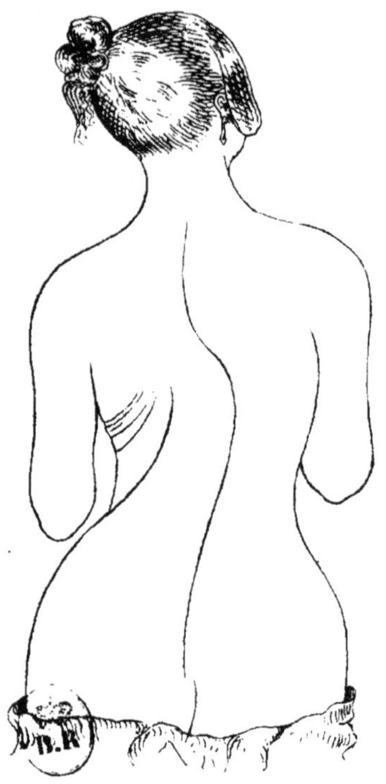

Fig. I.

Vue d'une taille déviée avant l'application du corps orthopédique.

Vue de la même taille
pendant l'application du corps.

TRAITÉ
DES CORSETS,

ou

APERÇU SUR LEURS EFFETS PHYSIQUES,

LEURS INCONVÉNIENS, LEURS AVANTAGES,

A l'usage des mères de famille ;

AVEC L'EXPOSÉ DE QUELQUES NOTIONS D'ORTHOPÉDIE ET DES RESSOURCES QUE PEUT OFFRIR, A CETTE PARTIE DE LA MÉDECINE, UN NOUVEAU GENRE DE CORSETS, OU CORPS ORTHOPÉDIQUES ;

Par Mme P. VEDEAUX.

Prix 2 fr. 50 c.

PARIS,

LIBRAIRIE MÉDICALE DE LABÉ,

RUE DE L'ÉCOLE-DE-MÉDECINE, 10 ;

TOULON,

Librairie de LAURENT, sur le Quai,

ET CHEZ L'AUTEUR.

—

1838.

AVANT-PROPOS.

Depuis que je m'occupe de l'habillement des femmes, j'ai eu très-souvent l'occasion d'observer combien cette profession était difficile, je dirai même délicate. Il ne suffit pas, en effet, de savoir se prêter à ces petites exigences de la mode ou des volontés des dames, et d'avoir acquis, à l'aide d'un peu d'habitude et de goût, le talent de bien faire.

Il est des circonstances, qui se reproduisent souvent, où une femme doit se trouver embarrassée, quand elle a à déguiser, sous la façon d'un vêtement dont la confection est remise à ses soins, des difformités naturelles, et quand elle a à craindre de les provoquer elle-même ou de les aggraver par son inexpérience.

Car c'est là ce qui arrive lorsqu'on agit au hasard, sans raisonnement et sans être guidé par quelques notions auxquelles on ne s'est, je crois, pas encore arrêté, parce qu'elles ne peuvent pas venir d'elles-mêmes à l'idée d'une modeste tailleuse, dont la position et les connaissances sont généralement étrangères à la science.

J'ai compris qu'il y aurait de l'importance à rechercher des principes qui pussent être appliqués à l'art de la tailleuse, pour le diriger dans les circonstances où il peut réellement être utile, en donnant les moyens d'éviter un grand nombre de déviations de la taille, ou en aidant la médecine dans leur guérison.

A force d'observations et d'essais dont l'occasion s'est présentée souvent dans ma clientelle, depuis que je me livre d'une manière exclusive à la confection des corsets ou de différens appareils mécaniques propres à remédier aux difformités des femmes et des enfans, j'ai atteint quelques points du but où je tendais : je me suis rendu de quelque utilité à l'orthopédie (1).

(1) Science qui a pour but de corriger ou guérir les difformités des enfans.

Des succès que j'avais obtenus par les moyens que j'ai employés, de mon propre mouvement et sans les conseils de la médecine, ont répandu mon nom dans quelques points de la Provence.

En 1836, M. Mille, médecin orthopédiste qui vient de finir sa trop courte carrière, m'avait proposé de m'adjoindre à sa belle entreprise, quand il eut fondé à Aix son établissement, où je devais contribuer, par mes soins et mon industrie, au rétablissement des déviations de la taille chez les malades qui lui seraient confiés.

Je n'acceptai pas cette proposition bien flatteuse pour moi. Je travaillais alors à créer des moyens orthopédiques plus simples et plus faciles dans leur application que tous ceux que j'avais vu employer jusqu'ici. J'attendais que le temps et l'expérience eussent jugé mes idées et les moyens qu'elles m'avaient suggérés.

Aujourd'hui que le nombre de mes succès m'autorise à regarder ces moyens au moins comme utiles, je les ai fait connaître à des médecins qui en ont suivi les effets et ont pu en constater les avantages. J'ai montré à beaucoup de familles qui m'ont donné leur confiance leur supériorité relativement à tant d'autres qu'elles avaient inutilement employés, sur de jeunes personnes qui leur appartenaient.

Depuis que la mode a introduit chez les femmes l'usage de se serrer la taille à l'aide de corsets, la médecine n'a cessé de s'élever contre cette habitude si féconde en funestes résultats, pour notre sexe en particulier et pour la génération en général. Mais toutes les sages observations qu'a faites à ce sujet une science protectrice des hommes, enfouies dans des bibliothèques où les mères de famille ne peuvent pas puiser, restent sans résultats; et l'on voit encore de nos jours une foule de jeunes personnes qui entraient dans la vie avec les conditions d'un heureux développement, devenir victimes d'une mauvaise application des corsets, et courber, dans une direction vicieuse, leur poitrine déformée et affaiblie.

Il manquait aux dames du monde et aux fabricantes de corsets un ouvrage où les premières pussent puiser des principes pour former sans dangers la taille d'un enfant, en se conformant à la mode; et qui aurait instruit les secondes de l'importance de leur profession et de l'influence qu'ont les corsets sur la santé des femmes et sur la constitution des enfans dont elles deviennent mères.

J'ai senti cette lacune importante à remplir; et je conçus dès-lors le projet de développer, dans une petite brochure, les idées que je me suis faites sur le but, les inconvéniens et les avantages des corsets; et pour donner à mon ouvrage un intérêt de plus, j'y ai exposé quelques principes d'orthopédie simplifiée.

Sans vouloir donner à mon travail beaucoup d'importance, j'ai pensé, en le livrant au public, que les mères de famille pourront y puiser des notions d'après lesquelles elles se dirigeront dans les soins à prendre pour former d'une manière naturelle et gracieuse la taille de leurs filles, et pour remédier aux vices de son développement, s'il ne s'effectuait pas avec régularité.

J'ai entrepris un travail bien supérieur à mes forces, sans doute; et si je l'ai conduit à sa fin, c'est en espérant l'indulgence que mérite une femme qui n'écrit que guidée par le désir d'être utile.

TRAITÉ

DES CORSETS.

CHAPITRE PREMIER.

Dans nos sociétés européennes, et en général chez toutes les nations policées où l'élégance marche avec le bon ton, la taille des femmes est regardée comme un des premiers charmes de leur sexe. C'est elle qui décide de tout leur extérieur. Il est vrai que c'est une beauté idéale ou conventionnelle, un charme secondaire, accessoire à ceux qu'elles possèdent ; mais aujourd'hui, c'est le bien essentiel à toute femme que l'on veut citer pour type du beau parfait.

Quand le vêtement commença à devenir pour notre sexe un objet de parure, en même temps que d'utilité, la coquetterie chercha de nouveaux charmes dans les formes du corps qu'elle modifia. Les femmes de chaque pays adoptèrent une tournure factice, de même qu'elles avaient adopté un costume. Les vêtemens servirent alors à produire ces modifications.

On commença par une simple ceinture que portaient les dames romaines. C'était chez elles une beauté de paraître minces de la poitrine. Elles se serraient les seins avec des bandes d'étoffe qui leur formaient un vêtement sur lequel elles étalaient leur luxe et leur richesse. C'est de ces bandelettes que plus tard les corsets tirèrent probablement leur origine.

La civilisation, modifiant les costumes comme elle a modifié les mœurs, conduisit à l'usage des corps, espèces d'étuis d'une seule pièce où se moulait, suivant les formes adoptées par la mode, le buste des femmes, en quittant ses proportions naturelles.

C'est dans les contrées de l'Allemagne que naquit l'habitude de diviser le corps en deux parties, en forme d'abeille, par une pression exercée sur les lombes, à l'aide de ceintures ou de corsets. Ce genre ne tarda pas à être adopté en France, où il fut poussé même à l'exagération, jusque vers le milieu du dix-huitième siècle, époque où la mode, cédant un peu à l'empire de la raison, s'écarta du ridicule de ces formes factices, pour s'approcher du beau naturel des femmes grecques qui avaient conservé dans leurs costumes une aisance qui n'altérait en rien leurs grâces.

Il y avait cependant dans cette forme que l'on faisait prendre à la taille un agrément général, puisque la Grèce qui avait gardé son austérité sur les principes d'éducation des hommes, finit par laisser pénétrer dans son sein ces usages que les goûts croissans de la toilette devaient nécessairement lui conseiller. Mais là ce ne furent plus les femmes qui se serrèrent la taille. La finesse de cette partie du corps ne fut pas pour elles regardée comme une beauté ; l'on comprenait trop combien aurait été nuisible à la génération cette compression conseillée par la mode et appliquée à la taille des femmes. Ce furent les hommes qui l'adoptèrent : et l'on voit aujourd'hui les fashionnables grecs parvenir, à l'aide de corsets et de ceintures, à réduire leur taille à un point qui semblerait presque incompatible avec l'existence, tant il s'éloigne des formes naturelles. Et cependant, malgré les récriminations de la nature qui s'élève contre ces singuliers usages, on ne peut s'empêcher d'avouer que cette forme est gracieuse.

La nature, libre dans ses développemens, ne produirait donc que par des exceptions bien rares ce caractère de la beauté, comme nous l'entendons chez la femme, si l'éducation et l'art ne venaient lui prêter leur appui.

Ce sont ces deux grands modificateurs de notre économie qui rectifient la tendance de la nature à produire ce que nous ne considérons pas comme bien, et la forcent à obéir, dans sa marche, aux exigences que nous lui imposons.

Voulez-vous établir une différence entre ce qu'a fait la nature et ce qu'ont modifié l'éducation et l'art? Comparez la femme des champs à la dame des salons.

Chez la première, à peine si l'on voit ressortir sous un extérieur gêné quelques traits de beauté naturelle ; et, sous l'embarras des facultés intellectuelles, quelques qualités d'âme et d'esprit.

Chez la seconde, au contraire, une qualité physique, un léger charme, un rien se grandissent, plaisent à la vue, parlent au cœur : un mouvement de l'âme, une saillie de l'esprit ressortent avec tout ce qu'ils ont d'intérêt, de fraîcheur et d'éclat.

A cette différence si tranchée, peut-on mécon-

naître qu'une influence particulière a fait la supériorité de la femme des villes sur celles des
campagnes? Cette influence, c'est, je le répète,
l'éducation pour les qualités morales , l'art pour
les qualités physiques.

C'est l'art qui donne les leçons de l'élégance et
du goût; on a plus de grâce sous une toilette de
prix, et surtout artistement dressée. Le luxe extérieur donne une fierté, une aisance dans le port
qui corrige le laisser-aller insouciant auquel s'a-
bandonneraient certainement les femmes, si elles
n'étaient stimulées par l'ambition de briller et le
désir de plaire.

Car briller et plaire est la première obligation
qu'ait à remplir la femme en entrant dans le
monde; c'est là que tendent tous les soins qu'on
lui donne dès l'enfance; c'est là le but de son
éducation. Elle plaît par ses qualités morales et
les talens d'agrément qu'elle possède; elle brille
et plaît par ses qualités physiques; c'est-à-dire
par la réunion du plus grand nombre de ces ma-
nières d'être que nous sommes convenus d'appe-
ler bien.

Mais toutes ces qualités de l'extérieur ne sont
pas toujours un don naturel; elles sont le plus
souvent un effet de l'art. Ainsi la chevelure se
met en rapport avec l'expression de la physio-

nomie par l'art et le goût du coiffeur ; la bouche
a besoin des soins du dentiste ; la peau conserve
sa souplesse et sa blancheur à l'aide des prépara-
tions que donne la parfumerie ; le pied se moule
à la forme d'une chaussure élégante ; la taille s'allonge et se dégage, la gorge et la hanche se des-
sinent dans un corset étroit et gracieux sur lequel ressort, pour complément de la toilette,
une robe faite avec le goût et les principes de la
mode.

De toutes les modifications à produire chez la
femme, celles de la taille sont, sans contredit,
les plus variées et les plus difficiles. Car que de
précautions ne doit-on pas prendre, que de
craintes ne doit-on pas avoir, quand il faut contrarier dans ses développemens la partie de notre corps qui contient les organes les plus essen-
tiels à la vie?

C'est une réflexion que souvent j'ai faite, et je
me suis étonné de l'insouciance et de l'incurie
des mères qui appliquent indistinctement au
jeune corps de leurs filles des moyens répressifs
de son développement, parce que la mode l'exige,
et sans savoir si l'usage d'un corset est nécessaire, s'il aura des avantages ou s'il produira des
accidens.

Je fais ici un reproche aux mères, et cependant elles ne le méritent pas en entier. On doit leur pardonner un excès de zèle, une exagération de soins en faveur de l'idée et du préjugé qui les dominent dans l'intérêt d'une fille, et qui leur font regarder un corset bien serré comme indispensable à une jeune personne, dès qu'elle commence son développement de puberté.

La faute en est à nos usages routiniers d'abord, et ensuite à l'état stationnaire de la fabrication des corsets, branche d'industrie à qui il manque bien des perfectionnemens encore.

D'abord ce n'est guère que dans nos grandes villes où l'usage des corsets est le plus répandu, que quelques fabriques mettent de l'amour-propre et du goût à bien faire, et comprennent un peu l'importance de cette partie du vêtement de la femme. Ailleurs, c'est généralement un travail qui n'est pas raisonné, qui manque même de personnes capables de l'entreprendre avec quelque succès. Cette pénurie des ouvrières en province est tellement vraie, qu'il n'y a pas de petite localité qui ait sa couturière en robes, qui ne manque de sa faiseuse de corsets. N'est-ce pas là une preuve de la difficulté qu'il y a dans ce genre de travail?

Le manque d'ouvrières, un peu aussi l'économie qui pourrait être mieux entendue que dans

cette circonstance, font que les mères entrepren-
nent de faire elles-mêmes des corsets à leurs jeunes filles qui plus tard se les confectionnent, lorsqu'elles ont un peu de goût et les connaissances
en couture nécessaires.

De là résultent bien des inconvéniens : d'a-
bord, les corsets faits par les personnes qui n'en
ont pas l'habitude, parce qu'elles ne sont pas
placées au centre d'une population nombreuse,
n'ont pas le gracieux et le fini qu'on leur donne
dans les fabriques où se presse une nombreuse
clientelle, en supposant même qu'ils remplissent
le but pour lequel on les emploie. Ensuite, ceux
que se font elles-mêmes les personnes qui doivent
s'en servir, s'ils approchent un peu de l'effet
qu'on en attend, ne le font qu'après un travail
de tâtonnement long et fastidieux, qui ne produit jamais qu'un vêtement sans forme et sans
grâces, dont une robe faite plus heureusement
vient cacher tous les défauts.

Car, qu'on ne se figure pas que la fabrication
des corsets soit un art que l'on puisse exercer
sans intelligence et sans raisonnement. Ce n'est
point seulement une profession qui nécessite du
goût; elle exige quelques connaissances d'anatomie et de statique humaines, sans lesquelles on
s'expose, par une confection vicieuse et impar-

faite, à occasioner, chez les jeunes demoiselles, ces difformités qui deviennent plus tard pour elles la source de tant de privations, de tant de dégoûts, de tant de souffrances.

Les corsets mal confectionnés sont une des plus grandes causes des déviations de la taille. C'est une vérité dont j'ai pu me convaincre depuis que je me livre à ce genre difficile de travail ; c'est une assertion que je tiens de médecins distingués dont j'ai visité les établissemens d'orthopédie, dans l'intention d'acquérir les connaissances nécessaires à ma profession.

Aussi dois-je à mon observation et aux renseignemens que j'ai puisés près de quelques médecins des changemens avantageux que j'ai apportés aux corsets.

Sortant des limites étroites d'une routine qui ne fait qu'imiter, je voulus donner au genre de fabrication auquel je me livrais l'impulsion que prirent de nos jours tous les arts qui ont rapport à l'habillement des deux sexes. Je me pénétrai de l'importance qu'avait le corset dans la parure des dames, de l'influence que pouvait exercer son usage sur leur santé ; je le fis sortir de l'obscurité où le mettait sa position par rapport aux autres parties de la toilette plus apparentes que lui ; je relevai dans l'esprit des femmes le rôle qu'il avait à remplir, et je crois être parvenue, en unissant le gracieux à l'utile, à introduire un genre de corsets qui doit le fini de sa façon à une précision mathématique et des idées médicales que je me suis acquises.

Car, dans la confection d'un corset, je prends en considération l'âge, le tempérament, la conformation locale de la personne pour laquelle il est destiné; et, par ce moyen, je préviens bien des inconvéniens qui sont si fréquens quand on néglige toutes ces précautions.

Il est affligeant de penser combien sont communes les difformités du corps, principalement chez les femmes. Nul autre n'en peut avoir une idée aussi exacte que les personnes qui s'occupent d'habillement, et surtout de corsets.

Il était pour moi important de les connaître, pour parvenir aux améliorations que j'avais projetées. Et si, par ma position de femme, je n'ai pu acquérir sur beaucoup d'elles que des notions imparfaites, j'ai pris du moins des idées générales qui me seront très-utiles pour prévenir une foule de déviations et pour en rectifier beaucoup d'autres, chez les jeunes demoiselles qui se serviront de mes corsets.

CHAPITRE DEUXIÈME.

Je me rappellerai toujours l'impression que j'éprouvai à la vue de tant de jeunes personnes contrefaites qui étaient venues, de plusieurs points de l'Europe, chercher des soins à Montpellier, dans l'établissement orthopédique qu'avait fondé le célèbre Delpech.

Je questionnais avec intérêt et avec un désir de connaître qui parut étonner, un médecin qui m'accompagnait et qui me donnait quelques renseignemens dont j'étais loin d'être satisfaite.

Il y mettait, en effet, une restriction qui me laissa croire qu'il voulait ne pas faire connaître les moyens qu'ils employaient dans leur maison pour le traitement de ces graves infirmités qu'ils avaient à combattre.

Je compris aisément sa pensée : l'établissement Delpech était le premier où l'orthopédie eût été résumée en science. Là, elle était sortie du pouvoir d'un empirisme souvent barbare dans ses tentatives, pour rentrer dans le domaine d'une médecine douce et éclairée. Le génie de Delpech avait créé tous ces moyens mécaniques dont le nombre et la variété étonnent ; l'établissement devait donc s'en réserver tous les avantages.

C'était là la cause du peu de détails qu'on me donnait dans l'explication de tout cet ingénieux mécanisme. Puis j'étais femme, et mon guide me supposait peut-être seulement curieuse et ne se doutait pas qu'un motif plus sérieux m'avait amenée dans une maison d'orthopédie.

Mais sa contenance réservée changea bientôt, quand je lui eus fait connaître que, me livrant à la confection des corsets, je venais dans l'intention de m'éclairer sur la part que pouvait avoir dans la production des déviations de la taille une façon vicieuse de cette partie de l'habillement ou son usage mal entendu. Je lui exposai, à ce sujet, quelques idées que j'avais confuses, mais qui rentraient tellement dans sa manière de

voir, qu'il m'en donna un développement étendu,
en y joignant une foule de notions que j'ignorais.
Cette entrevue fut pour moi une leçon dont je sus
profiter et dont je trouvai plus tard à appliquer
les préceptes.

Car dès-lors, mon docteur, cherchant ce qui
pouvait m'intéresser, me conduisit d'abord dans
un dortoir où, sur des lits de forme particulière,
gisaient plusieurs jeunes personnes dans une attitude de souffrance. Ce sont, me dit-il, nos malades qui font leur séance de traitement. Puis,
les passant successivement en revue : — Celle-ci,
reprit-il, a une difformité de la colonne épinière;
elle a quatorze ans. La cause de sa maladie vient
d'une chute qu'elle fit sur le dos, à l'âge de huit
ans. Elle a une affection des vertèbres qui se sont
usées dans un sens et ont amené l'inclinaison de
l'épine dorsale du côté gauche. Toute la poitrine
a suivi cette déviation et la difformité est des plus
sensibles. Nous avons obtenu, depuis un an de
traitement, un peu d'amélioration; dans ces
cas, une guérison complète est presque impossible.

Voici une autre enfant chez laquelle la diffor-
mite a été produite par un vice général de sa constitution. C'est une maladie qu'en médecine nous
appelons l'*arthritis*. Elle est contrefaite au point

de paraître mutilée. Son traitement est tout médical ; les moyens orthopédiques ne sont qu'accessoires.

Celle-là a une difformité de la poitrine; le sternum et les côtes y participent seuls. Elle a eu une maladie des organes intérieurs. Le poumon de ce côté a presque entièrement perdu l'exercice de ses fonctions. Il ne se développe plus dans les mouvemens d'élévation des côtes. Le poids de l'atmosphère a affaissé la poitrine qui s'est déjetée comme vous la voyez. L'action de cette pression extérieure a été encore considérablement augmentée par la formation, au dedans de la poitrine , d'une fausse membrane, ayant la propriété de se rétracter en s'organisant , et de rapprocher vers son centre les côtes et les vertèbres auxquelles elle s'est fixée.

Dans ce cas, par l'exercice gymnastique de certains muscles, et à l'aide d'un corset à compression directe , nous parviendrons à faire tomber la saillie de ces angles. Ce côté de la poitrine sera toujours plus plat que l'autre, mais il sera moins difforme qu'avant.

Je vous montrerais bien encore une foule de déviations de la taille occasionées par des affections particulières, qui ont le funeste privilége de siéger dans les os. Je vous parlerais bien de la goutte, du rhumatisme, des scrofules et de tant d'autres maladies dont le germe est inhérent à la constitution ou vient d'hérédité; mais ce serait vous conduire à des idées trop abstraites, parce qu'un semblable sujet exige, pour être compris, des connaissances en médecine.

Ce qui vous sera plus intéressant à savoir et que vous concevrez sans peine, ce sont les effets de la croissance rapide, des positions vicieuses, des vêtemens mal confectionnés, toutes causes très-communes de déviations de la taille.

Avant d'entrer dans ces développemens, je vais vous donner quelques idées d'anatomie et de statique humaines qui vous sont indispensables pour me comprendre.

. Le corps doit sa forme à un moule intérieur formé par une grande quantité d'os, charpente presque inerte, sur laquelle viennent se grouper tous les organes de nos fonctions. Outre cet usage général, les os en ont un autre; ils servent au mouvement. Alors ils sont des leviers unis entre eux par des ligamens fibreux et mus par une puissance qui est la chair. La chair est répandue sur les os en forme de faisceaux qu'on appelle muscles et qui se fixent à eux par leurs extrémités. Les muscles sont doués d'une force qu'ils acquièrent en se contractant à leur centre. Par elle, ils

rapprochent l'un de l'autre leurs points d'inser-
tion , entraînent les os auxquels ils se fixent , et
produisent ainsi les mouvemens.

C'est la force musculaire qui, dans les cas
que j'ai exposés plus haut, détermine les déviations.

Sur le tronc, chaque moitié du corps a , dans
l'état normal, une puissance égale, répartie entre
des muscles égaux et opposés qui produisent les
mouvemens latéraux. Pour les mouvemens d'a-
vant et d'arrière, la disposition des muscles n'est
plus symétrique; l'ensemble de leurs forces est
seulement à peu près équivalent.

Maintenant que vous connaissez cette disposition anatomique, je vais vous expliquer un phé-
nomène très-simple de déviation de la taille;
et l'idée que vous aurez conçue de sa formation
pourra se rattacher à tous les cas en général.

Un enfant fait, dans quelques mois, une croissance considérable :

Il est un ordre invariable de développement des
systèmes organiques qui fait que les os reçoivent
avant les muscles l'impulsion vitale d'accroissement; et, pendant qu'ils augmentent en longueur,
les muscles stationnaires les suivent par un allon-
gement passif qui n'a lieu qu'aux dépens de leur
épaisseur. Ils se trouvent donc ainsi affaiblis

dans une circonstance où, par l'effet de l'augmentation des os en volume et en poids, ils ont des résistances plus considérables à vaincre. Aussi, cet enfant paraît avoir maigri; il a perdu son agilité, ses forces; il est dans un état de faiblesse qui approche de la maladie; jusqu'à ce que les os, s'arrêtant dans leur accroissement, laissent les muscles se développer à leur tour.

Mais ce développement des muscles est lent et ne se fait pas toujours d'une manière régulière. Un muscle du côté gauche de la poitrine, par exemple, croîtra moins en forces que celui qui lui correspond du côté droit. Comme pour qu'il y ait rectitude du tronc, il faut que leur action soit égale, cette condition d'égalité n'existant pas, les os sont entraînés à droite, sens où la traction est plus forte; et la déviation commence.

Alors augmente encore la supériorité de puissance du muscle droit sur le muscle gauche, puisque le premier se raccourcit et que l'autre s'allonge. Toute la partie du corps située au dessus du point où a lieu cette traction, s'incline du même côté. Si cette première inclinaison est légère, la déviation reste simple, mais si elle est trop forcée, l'enfant, sentant son corps tomber involontairement du côté droit, s'efforce, par ses positions, de le ramener à sa rectitude primitive.

Alors les muscles du côté gauche, supérieurs à
la difformité, acquièrent, par l'effet de la volonté, une puissance plus grande que celle du
droit; l'inégalité précédente n'en existe pas moins,
et le tronc se renverse à gauche, sans que la première obliquité à droite ait été corrigée.

Voilà donc deux déviations dont la première
est cause de la seconde, et celle-ci en entraîne
souvent une troisième, ce qui a lieu dans la plu-
part des cas, quand on laisse la maladie parcourir tranquillement ses périodes.

La courbure de la colonne épinière précède
presque toujours la difformité de la poitrine; et
quelle que soit la région de cette cavité où la déviation ait lieu, elle est le plus souvent due à
une incurvation anormale de l'épine.

Pour vous faire un tableau des phénomènes
qui se passent dans ces cas, supposons d'abord
deux directions dans lesquelles la tige vertébrale
puisse se dévier; l'une est latérale, c'est-à-dire
partant du centre du corps pour se porter en
dehors, à droite ou à gauche; l'autre se fait d'a-
vant en arrière ou réciproquement.

1° Dans les incurvations latérales, comme les
côtes se fixent aux vertèbres par leur extrémité
postérieure et partent de ces points pour former
autour de la cavité pectorale des arcs de cercle

plus ou moins grands et séparés entre eux par les espaces intercostaux, il résulte de cette disposition deux phénomènes de déplacement dans les côtes. Ceux de ces os qui correspondent à la cavité de la courbure, se rapprochent entre eux jusqu'à se toucher presque par leur point latéral le plus éloigné du centre. Du côté de la convexité, au contraire, ces mêmes points s'écartent, et les espaces intercostaux augmentent d'autant plus d'étendue, que la déviation décrit un arc moins long et plus courbé.

La poitrine a donc de ce côté plus de hauteur qu'elle n'en a du côté opposé. Allons plus loin, et suivons les conséquences de cette inégalité de hauteur.

Les épaules, qui sont le point d'union des bras au corps, sont appliquées à la partie supérieure postérieure et latérale de la poitrine. Elles sont principalement formées par un os, l'omoplate, maintenu en position par des muscles qui le fixent aux côtes. L'omoplate suivra donc les côtes dans leur déplacement ; il s'élevera du côté où la colonne sera saillante et s'abaissera du côté où elle sera concave.

Voilà la cause de l'inégalité d'élévation des épaules que l'on observe très communément dans les déviations latérales. Cette inégalité, dès qu'elle existe, est un signe presque certain de déviation des vertèbres. Mais quand elle a disparu, il ne faut pas croire que l'incurvation de l'épine se soit, pour cela, redressée ; il peut se faire, au contraire , que le rétablissement du niveau des épaules ait été produit par une seconde courbure qui s'est opérée en sens inverse de la première et qui a égalisé l'élévation des omoplates.

Dans ces cas, la colonne vertébrale a perdu beaucoup de sa hauteur. La poitrine est courte et ramassée, les côtes suivent les ondulations de la colonne épinière ; tout le corps a cet extérieur rachitique qui se décèle jusque dans l'expression de la physionomie.

2° Dans les incurvations de l'épine , en avant ou en arrière, le tronc déformé présente un caractère différent. Les côtes sont moins déplacées, on ne remarque plus dans les régions latérales de la poitrine ces excavations et ces saillies prononcées. Le thorax est comme aplati de haut en bas ; et la colonne, en se plissant, pour ainsi dire, sur elle-même, réagit, à l'aide des côtes, sur le sternum, qui, par son organisation spongieuse et molle et par la faiblesse du support que lui donnent les cartilages qui le joignent aux côtes, prend toutes sortes de positions vicieuses.

Les sujets chez qui la déviation de la colonne affecte cette direction présentent souvent des gibbosités en avant et en arrière, et sont les plus contrefaites des victimes de l'arthritis.

Je vous ai exposé les phénomènes qui se passent à la suite de la courbure de l'épine, dans deux directions principales. Entre ces deux directions, il en est une foule d'autres que peut prendre la colonne en se déformant. Il n'est pas rare de la voir chez le même sujet se tordre en des sens différens, c'est ce qui explique le grand nombre d'inflexions du tronc que l'on observe souvent dans les difformités de la taille.

Jugez l'influence que peut avoir dans le développement de ces difformités, les positions vicieuses que prennent, par l'habitude, les jeunes personnes. Quand une prédisposition naturelle existe déjà, une de ces habitudes devient bientôt cause déterminante, comme il arrive pour les jeunes personnes à constitution faible, qu'on laisse se livrer sans réserve à un art ou à un travail qui demandent de l'application et une attitude inclinée.

Je dois vous signaler ici une erreur dans laquelle il est facile de tomber et qui expose les enfans à des observations ou des réprimandes qu'ils ne méritent pas. Il arrive assez souvent que les positions vicieuses qu'ils prennent sont nécessitées par une déviation commençante qui est inaperçue, parce qu'on n'y porte pas attention, et qu'on ne manque pas d'attribuer, dès qu'elle devient sensible, à la manière de se tenir habituelle dont elle est au contraire la cause. Quand on s'abandonne à cette erreur, on s'occupe uniquement de corriger l'habitude, on néglige la cause véritable qui devient de plus en plus puissante; et on ne doit la gravité de la maladie qu'à une mauvaise interprétation des symptômes.

Causons maintenant des difformités de la taille qui sont produites par les vêtemens. Le sujet va vous offrir plus d'intérêt, en vous parlant d'un point important qui vous concerne. Les effets du corset résument tous les autres : c'est le vêtement compressif par excellence; son action sur la taille est beaucoup plus directe et plus énergique que celle des robes et des ceintures : ce que nous allons en dire leur sera donc applicable.

C'est la mode qui a introduit l'usage des corsets. Leur but primitif a été de réduire la partie inférieure de la poitrine, pour donner par là plus de développement à la partie supérieure, et lui imposer, en quelque sorte, une tournure qui nous paraît plus gracieuse que la forme naturelle. C'est donc une espèce de mutilation que les femmes font subir à leur corps. Cependant nous ne devons pas leur en faire un reproche, parce qu'elles acquièrent, par la tournure élégante de leur taille, un puissant moyen de plaire.

Cette dépression de la partie inférieure de la poitrine n'est point d'une aussi faible importance qu'on se le figure en général. Ce n'est pas toujours impunément qu'on modifie dans ses développemens cette partie du corps si fragile dans sa structure et qui a besoin, pour l'exercice de ses fonctions, d'une mobilité si grande.

Si les corsets n'étaient fabriqués que par des personnes entendues, les inconvéniens de la compression de la poitrine deviendraient moins nombreux et moins graves. Car, que d'accidens ne doivent pas résulter de cette compression mal dirigée, surtout chez les jeunes personnes dont la constitution faible encore cède aux causes les plus légères qui doivent la modifier !

Si un corset presse sur une partie jusqu'à produire la douleur, la poitrine se déjette du côté opposé, pour éviter cette souffrance. Cette position, qui n'est plus naturelle, ou s'entretient par la cause de la douleur qui est permanente, ou devient habitude, et produit ainsi une déviation qui s'aggrave ensuite d'elle-même, d'après les phénomènes que je vous ai expliqués plus haut.

Mais les difformités ne sont pas les suites les plus graves des corsets mal confectionnés. Leur usage peut changer, en moins d'une année, le tempérament d'un enfant.

Si la compression est très-forte et porte, dans un même temps, sur une trop grande étendue de la poitrine, la respiration languit, le poumon se resserre au lieu de se développer ; la circulation en souffre, les nutritions se ralentissent ; la maigreur survient, et vous faites, d'un enfant robuste, un petit être souffrant et débile, exposé à la consomption lente des maladies de la poitrine ou de l'estomac. Car la compression, gênant aussi cet organe dans ses fonctions, l'expose à une foule d'affections non moins graves que celles de la poitrine.

Je vous ai montré bien des jeunes personnes contrefaites ; dans la majeure partie des cas, leurs difformités ne sont dues qu'à une faiblesse musculaire, à des habitudes contractées, à l'usage mal dirigé des corsets ou à des vices qu'ils ont dans leur façon.

Si les parens ou les personnes qui ont été chargées de soigner les jeunes années de ces intéressans malades eussent eu un peu de prévoyance, s'ils eussent eu l'idée de la possibilité d'une déviation, ils auraient demandé des conseils ; et quelques moyens préservatifs des plus simples, tels que les exercices qui tendent à fortifier le corps, une nourriture tonique, un support artificiel fourni par un corset bien fait, auraient fait disparaître cette tendance aux difformités, tendance qui, n'étant pas contrariée, a parcouru tous ses développemens.

Je pardonne encore qu'on n'ait pas pu prévoir qu'elles devaient avoir lieu : mais elles ont eu un début, et, bien que leur nature et leurs causes soient très-variées, toutes ont été légères en commençant. Et c'est là une réflexion qui fait peine; car si elles eussent été prises dès le principe, quelques moyens répressifs simples, convenablement dirigés, les eussent arrêtées dans leur accroissement. Dans le plus grand nombre des cas, les os eussent pris leur position naturelle, et dans les circonstances les plus malheureuses, la continuation de ces moyens aurait au moins arrêté ces déviations au degré de difformité où nous ne pouvons que les ramener en les améliorant par un traitement long et douloureux.

Vous avez vu ces jeunes enfans chez lesquels les déviations ne font que commencer; eh bien ! nous les guérirons en peu de temps, en exerçant telle ou telle partie de leur corps plutôt que celle qui lui correspond de l'autre côté, de manière à donner, par le développement de la force musculaire, plus de puissance du côté qui paraît faible, c'est-à-dire à la partie opposée à l'inclinaison des os. Et un simple corset convenablement fait, en baleines, sans ressorts, produirait le même effet. Là l'orthopédie est tout-à-fait simple, aisée à diriger.

Mais par malheur les parens des enfans ont souvent de l'insouciance pour ces difformités qui surviennent sans cause apparente ou grave. Dans le monde, on les considère comme des arrêts de développement auxquels l'âge viendra promptement remédier. Et cette erreur qui se berce d'une espérance trompeuse, se continue avec les progrès de l'âge, qui aggrave cependant, d'une manière sensible, le mal auquel il devait amener un terme. C'est alors, quand le développement s'est achevé, quand la déviation est arrivée à ce qu'elle doit avoir de plus difforme, quand la nature ne peut plus offrir à l'art aucune assistance, c'est alors, dis-je, qu'on s'inquiète, qu'on emploie de sa propre inspiration, ou par des conseils empiriques, des moyens qui sont toujours insuffisans, quand ils ne sont pas contraires. Et l'on vient, en dernier lieu, confier à la science le soin d'une guérison constamment difficile et trop souvent sans espoir.

Vous, madame, qui, par votre profession, êtes en position de voir un grand nombre de personnes contrefaites, ne négligez pas, dès le bas âge, d'opposer des moyens de redressement à leurs difformités commençantes. Des corsets faits d'après les idées que vous me paraissez avoir sur l'orthopédie, ne pourront pas manquer d'avoir des résultats. Du reste, si dans quelques circonstances vous n'étiez pas assez heureuse pour obtenir un succès, rappelez-vous l'établissement Delpech ; nous recevrons avec intérêt les malades que vous nous adresserez (1).

(1) Depuis qu'une mort malheureuse a enlevé Delpech aux hommes et à la science, son établissement passa sous la direction du docteur Trinquier, qui a continué avec zèle et avec succès ce que le célèbre fondateur avait commencé.

CHAPITRE TROISIÈME.

Là se termina ma visite; je pris congé de mon officieux professeur et je sortis satisfaite et étonnée de tout ce que je venais d'apprendre et de voir.

Car toutes ces idées, mon docteur me les développait en me faisant parcourir chaque endroit de son vaste établissement que le génie et le goût avaient disposé pour le mieux. On y trouvait réunies, en effet, les constructions gymnastiques et les machines de l'orthopédie les plus variées, au milieu de tous les agrémens d'un jardin. On avait ainsi su tempérer l'aspect austère que devait naturellement avoir cet asile de souffrance.

En effet, ce n'était pas toujours sans douleur qu'on appliquait aux difformités de ces jeunes corps affaiblis certains moyens énergiques de redressement; et depuis que je me suis rappelé ce que j'avais vu, j'ai souvent trouvé des rapprochemens entre quelques cas d'orthopédie appliquée, et ces tableaux de l'inquisition où le cœur se déchire à la vue des souffrances des malheureux patiens.

Je réfléchis à tout ce qu'avaient à souffrir les jeunes personnes atteintes de déviations de la taille, aux inquiétudes qu'elles donnent à leur famille. Et quel intérêt ne mérite pas leur position? Pour elles, l'existence n'est plus la même que pour leurs jeunes amies; la sollicitude exagérée et quelquefois mal entendue de leurs parens les prive des amusemens de leur âge ; la crainte que l'étude n'aggrave leur infirmité fait que leur éducation demeure imparfaite : elles fuient le monde ou restent étrangères à ses fêtes et à ses plaisirs. Veulent-elles y prendre part, il leur faut tous leurs soins, toute leur contrainte, tout l'art d'une modiste pour cacher une difformité qui les peine. Elles ont à craindre les chuchotemens d'une critique personnelle, les préjugés du monde qui regarde les déviations de la taille comme les suites de maladies graves et héréditaires; elles déguisent alors leur infirmité sous une toilette qui laisse beaucoup à deviner : elles paraissent moins bien que les autres. Quelquefois, dans un petit dépit, elles envient le sort d'une amie qui brille plus élégante et plus gracieuse ; elles ressentent dans leur âme de ces mouvemens pénibles que cause un peu d'amour-propre de femme, et que la résignation réprime à peine. Joignez à tant de privations et de souffrances morales la douleur physique, quand on est obligé, pour remédier à leurs difformités, d'avoir recours à un traitement orthopédique.

Si les mères de famille avaient quelquefois ces tableaux sous les yeux, elles verraient que l'usage des corsets n'est point une habitude que l'on doive faire prendre aux enfans sans précaution.

Qu'on se pénètre bien qu'ils ont deux buts à remplir : un d'utilité et un autre d'agrément ; et il faudra faire en sorte de saisir l'à-propos de leur application dans l'un et l'autre de ces usages.

Ils seront utiles toutes les fois qu'un enfant trop précoce dans sa croissance ou trop faible dans sa constitution aura besoin d'un support extérieur, pour remédier à la débilité de ses forces musculaires qui sont insuffisantes pour maintenir les stations dans un ordre normal.

C'est alors qu'ils servent de moyens prophylactiques. Ils sont appelés à prévenir des difformités qui menacent de se déclarer, et l'on doit, dans ce cas, se conformer, pour leur confection, à tous les principes que j'ai fait connaître ailleurs.

D'autres fois, quand on les emploie pour corriger des difformités qui existent déjà, il faut bien se garder de croire qu'un corset ordinaire et sans modification dans les moyens de faire résistance ou de presser, doive produire le résultat qu'on attend. C'est dans cette circonstance qu'il faut mettre dans la manière de le faire ce génie que donne l'observation et l'habitude, et plus encore la connaissance de la cause de la déviation et des effets à produire pour la faire disparaître.

Les corsets employés comme but d'agrément, c'est-à-dire pour donner à la taille cette forme artificielle qui plaît aux yeux et fait que les femmes ont, dans leur extérieur et dans leurs attitudes, plus de grâces et plus d'aisance, demandent encore beaucoup de soins à prendre, tant dans la manière de les faire que dans celle de s'en servir.

Moins que toutes les autres parties de l'habillement des dames, celle-là est exposée aux variations de la mode. Ce serait donc un avantage de plus qu'elle aurait dans sa façon. Car c'est souvent à cette facilité pour saisir ces petites nuances

de forme qui font la nouveauté, que des fabri-
cans doivent leur supériorité sur les autres. Malgré cette difficulté en moins, il est bien peu de
personnes, se livrant à la confection des corsets,
qui obtiennent dans cette partie les avantages
d'une réputation méritée et soutenue ; c'est que
généralement toutes manquent des notions et des
idées qui sont indispensables, quand on veut se
contenter même d'un faible succès.

Que sont en effet quelques réussites que l'on
doit le plus souvent au hasard contre tant de
confections vicieuses qui, tout en manquant leur
premier but, celui de donner des formes agréables à la taille, gênent ou font souffrir les personnes qui s'en servent et deviennent des sources de
difformités sans nombre, principalement chez
les jeunes personnes dont le corps faible encore
cède facilement aux moyens compressifs.

Conçoit-on que l'on puisse employer chez les
enfans des corsets, comme j'en ai vus plusieurs
fois, qui serraient également toutes les parties de
la poitrine? Certes, on se serait bien gardé de
s'exposer à ce danger, si l'on avait raisonné les
effets d'une compression semblable, et si l'on
avait su :

1° Que ces corsets, resserrant toute la surface
de la poitrine, gênaient la respiration, au point

.qu'elle ne pouvait plus avoir lieu que par le dia-
phragme, tout l'appareil de la respiration pectorale se trouvant enchaîné par cette compression ;

2° Que la compression et le défaut d'exercice
d'un organe sont les causes les plus énergiques
d'atrophie et de faiblesse ;

3° Que l'atrophie et la faiblesse dans une partie aussi importante que la poitrine nuisent es-
sentiellement à la respiration et à la circulation
du sang, qui sont les fonctions les plus importantes à la vie. Cette compression mal dirigée
peut encore avoir des suites moins graves que
celles que je viens d'exposer, mais qui ne sont
pas pour cela sans importance. Les seins dont le
développement commence avec la quatorzième ou
la quinzième année demandent pour s'élever
qu'aucune pression ne les contrarie; et si, chez
beaucoup de jeunes filles leur apparition est nulle
ou tardive, les corsets en sont la cause. C'est un
bouton flétri avant de naître. La glande mam-
maire a été atrophiée dès l'enfance, et, avec elle,
le tissu élastique qui l'enveloppait comme d'un
léger coton et qui n'attendait plus pour s'arrondir que l'impression de la puberté.

Chez d'autres jeunes personnes, c'est le ma-
melon seul dont le développement a été arrêté,

ce qui les prive, quand elles deviennent mères, du charme si doux d'allaiter leurs enfans.

Beaucoup de demoiselles doivent à une mauvaise compression de leurs corsets des inégalités dans la hauteur et le volume des épaules, sans que, pour cela, il y ait déviation de la colonne épinière ou de la poitrine. Dans ce cas, les épaules trop renfermées éprouvent de la difficulté à se mouvoir; et, comme c'est ordinairement le bras droit qui fait le plus d'exercice, l'épaule qui lui correspond demeurant moins immobile, finit par acquérir dans sa prison plus d'aisance que l'épaule gauche; elle s'élève au dessus du corset. A la longue, cette proéminence devient une habitude, et bientôt une difformité. Voilà pourquoi, quand il y a inégalité dans la hauteur des épaules, c'est presque toujours la droite qui est la plus élevée.

Que les personnes qui pensent qu'un corset n'est fait que pour serrer voient maintenant leur erreur. Il est bien vrai que ce n'est qu'à l'aide de la constriction que l'on peut diriger les développemens de la taille; mais ce n'est point une constriction comme elle est généralement entendue.

Dans l'état naturel, la partie inférieure de la poitrine est plus développée que la partie supérieure. Seulement les épaules lui donnent en haut plus de largeur qu'en bas. Mais cette différence est peu sensible chez la femme dans les pays où les corsets ne sont pas en usage. Il en est autrement dans les familles vivant depuis long-temps dans les villes, se conformant aux exigences des modes et se servant, de mère en fille, de corset.

Car, si l'on dit souvent que *l'habitude est une seconde nature*, c'est une vérité qui trouve ici son application; et, de même que chez les peuples sortant de la barbarie, la civilisation a adouci la rudesse des traits et a fait naître les enfans avec un caractère et une physionomie moins sauvages, de même le rétrécissement de la partie inférieure de la poitrine, produit par la compression à l'aide des corsets ou de ceintures, est devenu une modification acquise, dans un grand nombre de familles où les enfans naissent avec une prédisposition à avoir une taille mince et allongée, lors même qu'aucun moyen de compression n'en viendrait arrêter le développement.

Mais cette disposition factice ne pourrait pas se maintenir pendant un grand nombre de générations; car, la nature reprenant ses droits, la forme du corps rentrerait à son état primitif, et le gracieux et le délié de la taille finiraient par disparaître d'une manière insensible.

Aussi ne doit-on jamais cesser de faire usage de corsets, lors même que la taille est arrivée à un point où sa tournure ne laisse rien à désirer. Il suffit souvent de quelques mois de laisser-aller pour s'apercevoir d'une augmentation considérable dans son développement, et l'on ne peut ensuite la réduire qu'avec peine et longueur de temps.

Je ne veux pas dire par là que l'on doive toujours être pressée dans des baleines ; cette position serait insoutenable, surtout pour les dames qui ne sont pas constamment en toilette et que des occupations d'intérieur obligent à avoir toute la liberté de leurs mouvemens. Dans ces cas, on doit faire usage de corsets de peu de façon , sans presque de baleines et qui ne font que tenir la taille modérément serrée, sans gêner les mouvemens en tous sens.

Par ce moyen , lorsqu'on reprend pour s'habiller un corset façonné, on ne s'aperçoit pas des inconvéniens de cette transition brusque de l'aisance à la gêne, qui fait que plusieurs femmes ne peuvent supporter que très-peu de temps la pression d'un corset et qu'elles sont dans une attitude de contrainte chaque fois qu'elles le mettent.

Qu'arrive-t-il alors ? pour obvier à cet état de malaise, on relâche de jour en jour le corset , et l'on fait ainsi autant de concessions à la tendance qu'a la taille à se développer, jusqu'à ce que ses formes soient complétement effacées pour ne plus revenir.

Qu'on ne croie pas que ces modifications que subit alors la taille soient toujours un effet nécessaire et insurmontable. Elles sont bien dues à ce pouvoir qu'a la nature de rentrer dans ses formes primitives, en laissant celles que l'art lui avait fait prendre ; mais ce retour n'a lieu qu'autant que l'action des moyens artificiels a cessé.

Cependant il est pour certaines femmes une cause inévitable de déformation de la taille, quand elles avancent en âge : c'est le changement de tempérament qui s'opère chez elles entre trente-cinq et cinquante ans. Les révolutions que l'âge amène à cette époque font que le corps se développe, parce qu'il s'accumule dans les organes, et principalement sous la peau, une grande quantité de graisse qui fait perdre à la tournure toutes ses formes. Chez les femmes qui sont douées de ce tempérament, lorsqu'il est développé d'une manière caractérisée, tous les soins que l'on pourrait employer pour arrêter l'augmentation du volume de la taille seraient inutiles, ou n'atteindrait ce but qu'en causant du dérangement dans la santé. La puissance de la nature est trop forte pour essayer de l'arrêter dans ses effets. Toutes les fonctions sont gênées dans leur accomplissement par l'obésité qui s'est développée ; la respiration est courte, haletante dans les exercices un peu forcés, la poitrine a besoin d'une grande aisance dans ses mouvemens ; elle ne peut plus supporter un corset qui fasse sur elle la moindre constriction.

C'est alors qu'il faut faire des concessions journalières et souffrir ce que l'on ne peut empêcher. Un corset ne sert plus qu'à régulariser la taille ; il se prête à l'ajustement des robes, il ne peut plus maintenir dans ses formes primitives le buste que dans la jeunesse il avait façonné.

Mais ces modifications de tempérament sont bien loin de s'observer toujours ; et si généralement l'âge amène chez la femme un développement dans la taille, c'est qu'il amène aussi un changement dans les goûts et dans le caractère. Chez les demoiselles ou chez les jeunes dames qui cherchent à plaire ou à briller dans le monde, les soins de la toilette sont presque les seuls soucis de tous les jours. Alors on a à cœur d'avoir un corset bien fait qui fasse ressortir la beauté de la taille ; on le serre pour la réduire le plus possible, on met de l'amour-propre à paraître bien et à obtenir des suffrages.

Mais tout change avec la position. En avançant dans la vie, ces besoins de jeunesse s'effacent de manière insensible; les inquiétudes de l'âge mûr succèdent à l'insouciance, aux désirs frivoles; et l'on arrive à consacrer aux exigences domestiques le temps qu'avant on donnait à la toilette. On recherche moins le monde, on le fuit même, on se néglige; et la taille ne tarde pas à se ressentir de là privation de tous ces petits soins qu'on lui prodiguait par le passé.

L'indifférence pour la toilette est tellement la première cause des changemens qui surviennent dans la taille, que l'on voit assez souvent des femmes qui s'observent et qui gardent toujours le goût de se bien mettre, conserver même jusque dans un âge très-avancé une apparence extérieure de jeunesse, une grâce et une aisance dans le port que bien des jeunes personnes auraient à leur envier.

CHAPITRE QUATRIÈME.

Si la négligence à se servir de corsets a tous les inconvéniens que j'ai exposés plus haut, et est souvent la cause de regrets pour les dames, qui voient disparaître, dans quelques années, toutes les grâces de leur taille, l'abus de leur usage a aussi des suites désagréables et même fâcheuses. J'ai déjà indiqué les accidens qu'ils peuvent occasioner chez les jeunes enfans, lorsque l'on ne sait pas saisir ou l'époque, ou l'occasion favorable pour commencer à les leur faire prendre : je n'en parlerai plus. C'est principalement leur action chez les femmes enceintes que je veux faire ressortir ici.

Il est des dames qui redoutent les effets désavantageux d'une grossesse sur leur taille, et dans la crainte qu'elles ne puissent pas, par la suite, la ramener à son premier degré, si elles la laissaient se développer, elles conservent jusqu'au dernier moment le corset qu'elles avaient avant d'être enceintes, et continuent à le serrer autant que possible, pour empêcher le ventre d'empiéter sur la taille. Cette inconséquence peut avoir des suites graves; elle occasione d'abord une gêne extrême et continuelle dans la respiration et les fonctions digestives, et elle peut produire des accidens fâcheux tant pour l'enfant que pour la mère.

Si, dans la grossesse, l'abus des corsets n'a pas toujours ces inconvéniens graves que je viens de signaler, il en a constamment un autre auquel on ne doit pas manquer d'avoir égard, parce qu'il intéresse un peu l'amour-propre des femmes. Si l'on arrête, en effet, le développement du ventre, en haut, vers les régions de la poitrine, son accroissement de volume se fait tout aux dépens des parois abdominales qui prennent une extension très-peu remédiable après l'accouchement; parce que les muscles ne se rétractent jamais proportionnellement à la dilatation qu'ils ont acquise. Les intestins peu soutenus tombent et se développent; le ventre reste toujours gros, et contraste d'une manière peu gracieuse avec la finesse de la taille.

Que, pendant la grossesse, au contraire, on fasse usage d'un corset de circonstance qui serrera toujours médiocrement la taille et soutiendra en avant le ventre, pour l'empêcher de tendre par son poids, et dans une partie circonscrite, les parois de l'abdomen, que résultera t-il de ces précautions? le ventre se développera d'une manière uniforme dans toutes ses régions; la taille augmentera considérablement de volume, il est vrai, mais cette augmentation n'aura rien d'inquiétant, parce qu'elle ne sera que passagère et de circonstance.

En effet, la force excentrique qui écarte les côtes, lors du développement du ventre, relâche d'une manière lente les ligamens qui les unissent aux vertèbres. Elles sont refoulées en dehors et en haut; la longueur de la taille diminue à mesure que son volume augmente. Par ce moyen, l'abdomen gagne beaucoup en étendue vers la poitrine, ce qui diminue d'autant la saillie qu'il n'aurait pas manqué de faire en avant.

Après les couches, les côtes, dont les ligamens

4

ont été relâchés par l'écartement de la poitrine, jouissent d'une mobilité qu'elles n'ont pas chez la femme qui n'a pas eu d'enfans. C'est donc sans aucune peine qu'on peut les amener, par la compression d'un corset de façon convenable, au point où elles étaient avant la grossesse.

Les dames enceintes doivent porter des corsets élastiques, en laiton ou en caoutchouc, qui leur évitent beaucoup des désagrémens de leur position. Ils préviennent ces tiraillemens incommodes, ces fatigues dans les muscles de l'abdomen qui mettent les femmes dans un tel état de malaise qu'elles sont obligées de rester presque constamment couchées, et sont dans un accablement ou une insouciance qui les rendent incapables de la moindre occupation.

C'est dans cette position que les dames peuvent le plus apprécier l'utilité des corsets. La forme qu'on leur donne alors fait qu'ils remplissent en même temps l'office d'une ceinture. Ils soutiennent, quand la grossesse est très-développée, le poids de l'enfant qui tend à allonger et à amincir les parois de l'abdomen, principalement chez les femmes à tempérament mou et lymphatique.

Chez elles, en effet, les parties fibreuses non

contractiles qui concourent avec les muscles à former les parois abdominales, ont naturellement plus d'étendue ; et, indépendamment de ce qu'elles ont moins de tonicité, elles sont moins soutenues par les muscles. Une fois que leur force de cohésion et de résistance a été rompue, à chaque grossesse elles cèdent passivement, et avec une facilité qui ne fait que croître, au développement du ventre. Il se forme alors dans un ou plusieurs de leurs points des éraillemens par où se développent des hernies, dont le volume quelquefois effrayant ressemble à une véritable éventration qui exige, pour être maintenue réduite, un appareil de bandage fatigant et désagréable à porter, quand elle n'entraîne pas des suites plus graves.

Ces infirmités sont bien communes ! la cause en est, je crois, à l'insouciance des personnes de l'art qui s'occupent d'accouchement, à prévenir de ce qui peut arriver, ou au peu d'importance que les femmes attachent à les consulter ou à suivre leurs avis, tant qu'elles ne sont pas arrivées au dernier terme de leur grossesse. Les médecins ou les sages-femmes ne sont pas assez attentifs à avertir les femmes enceintes des accidens auxquels elles sont exposées ; ou, tout en leur parlant des plus graves, ils omettent souvent de leur dire qu'il peut bien, si elles n'y prennent garde, leur rester à l'abdomen des saillies incommodes et peu gracieuses. Cependant les précautions à prendre pour s'opposer à leur développement sont d'une application si générale et si aisée, d'une théorie si simple, qu'elles devraient déjà, depuis bien long-temps, être devenues populaires. Bien loin de là, elles sont communément ignorées, ou on met la plus grande indifférence à les employer ; je dirai plus, des préjugés les font regarder comme nuisibles et les interdisent même d'une manière absolue.

Il est pourtant bien aisé de comprendre l'effet avantageux d'une compression modérée et uniforme sur tout le ventre, pendant la gestation. Un corset-ceinture ou une ceinture simple forment à l'abdomen une seconde paroi de résistance partout égale, condition qui est loin d'exister sur la paroi naturelle, comme je l'ai dit plus haut. Ils ne cèdent en aucun point à la pression excentrique qui s'exerce contre eux, et ils reportent sur les reins tout le poids de la grossesse. Ils s'opposent aux obliquités de l'utérus qui rendent l'accouchement toujours laborieux pour la personne qui le fait et souvent funeste pour l'enfant ou la mère ; et cela, en empêchant de se former ces excavations partielles dans lesquelles l'organe de la gestation s'engage en y contractant une direction vicieuse.

Les femmes qui en font usage peuvent, pendant tout le cours de la grossesse, vaquer avec plus d'aisance à leurs occupations. Elles peuvent surtout supporter l'exercice de la promenade si utile à leur état, par les distractions qu'il offre à leur esprit beaucoup trop disposé à s'affecter sur les suites du travail qui doit terminer cette position si critique pour les femmes.

Lorsque l'on a négligé d'employer les moyens nécessaires pour prévenir ces dilatations partielles des parois de l'abdomen, et que des tumeurs intestinales viennent, après les couches, fatiguer par leur volume et leur pesanteur incommodes, on a recours, pour obtenir du soulagement, à l'art du bandagiste.

Disons, en passant, combien en pareille matière on trouve d'insuffisance et d'imperfection. A peine si, dans la capitale, on peut rencontrer quelques bandages capables de remplir le but qu'on désirerait. Le vice principal de tous, c'est qu'ils ne consistent qu'en une simple bande peu large, ne présentant aucune façon pour se mouler sur les hanches, sans supports de baleines qui s'opposent à ce que la taille se plisse. Ces ceintures fixent ordinairement une pelote volumineuse qui s'applique sur le sommet de la tumeur et la tient maintenue en la déprimant. Tout cet appareil est lourd, matériel, difforme; et l'habitude qu'on a de l'appliquer immédiatement sur la peau ne tarde pas à le rendre bien plus incommode, parce que la transpiration qu'il provoque dans les parties où il touche pénétrant la peau de chamois qui le recouvre, rend, à la longue, son contact irritant pour la peau, et détermine des démangeaisons insupportables que suivent souvent des boutons qui ont tendance à s'ulcérer, en prenant un caractère de dartres vives.

Je fais, dans ces cas, des ceintures auxquelles je donne la tournure d'un bas de corset. Elles recouvrent les hanches en s'appliquant avec exactitude sur les inégalités de leur contour ; elles embrassent la tumeur et la ramènent au niveau des parois abdominales. Je supprime la pelote à volume incommode, et, suivant les cas, je dispose dans la partie de la ceinture correspondant à la tumeur quelques faisceaux de baleines convenablement réparties. Par la juste-apposition de la ceinture, ces baleines deviendraient même inutiles si, à la longue, la tumeur, pressant sur un point limité, n'y produisait un peu de relâchement dans les tissus, et ne diminuait par là la force compressive du bandage.

Dans les cas de tumeurs très-développées, je
fixe par dessus la ceinture un bandage métallique
composé de deux ressorts et une pelote. Les ressorts peuvent se croiser en avant sur la pelote à
l'aide d'un mécanisme approprié par lequel les
malades augmentent ou diminuent à volonté la
pression sur la hernie seulement, sans serrer
toute la ceinture qui fixe le bandage et soutient
l'abdomen.

Toutes ces ceintures ne doivent pas être appliquées immédiatement sur la peau, pour éviter
l'inconvénient de la tranpiration dont j'ai parlé
plus haut. Afin d'éviter la gêne quelles pourraient
occasioner, en les appliquant par dessus la che-
mise, on pourrait avoir plusieurs garnitures de
rechange en toile ou en coton, que l'on rempla-
cerait dès qu'elles seraient salies.

Si j'ai fait une digression si longue sur les tumeurs intestinales occasionées par la grossesse,
et si j'ai empiété en quelque sorte sur le domaine
des bandagistes, c'est que je n'ai pu m'empêcher
de confectionner, en plusieurs circonstances, des
appareils pour remédier à l'incommodité qu'oc-
casionaient à beaucoup de dames ces sortes
d'infirmités; j'ai pris en considération l'embarras
de leur position.

La profession de bandagiste est généralement

exercée par des hommes ; et l'on conçoit toutes les répugnances d'une femme à se soumettre alors aux nombreux essais que nécessite la confection de ceintures en ce genre ; il est donc plus convenant d'avoir recours à une femme ; et les ceintures herniaires rentrent ainsi dans le domaine de la fabrication des corsets avec lesquels elles ont du reste beaucoup de rapport de confection.

CHAPITRE CINQUIÈME.

Les difformités de la taille sont beaucoup plus communes chez la femme que chez l'homme. L'usage des corsets mal faits et les habitudes sédentaires que contracte la femme dès le bas âge, sont bien pour quelque chose dans les causes de cette différence ; mais elle est principalement due à la nature de la constitution des deux sexes, qui est loin d'être la même.

Chez la jeune fille, avant l'âge de la puberté, le système lymphatique prédomine; aussi est-elle exposée à toutes les maladies qui dépendent du tempérament lymphatique. Les os sont mous, cédant facilement aux efforts extérieurs, pour peu que leur action soit continuée. Les parties fibreuses qui les unissent ont peu de force, elles sont facilement extensibles. Les muscles sont grêles, peu contractiles, sans énergie ; tout le corps est dans des conditions de faiblesse où ne se trouve pas celui du jeune garçon de même âge. Et c'est sous cette influence de débilité générale que les difformités débutent le plus ordinairement.

Le besoin de maintenir la poitrine des jeunes personnes chez lesquelles cet état de faiblesse organique faisait craindre des déviations de la taille, me donna l'idée de construire des corps qui uniraient à la légèreté et à l'élégance une force de résistance assez grande pour soutenir le tronc et l'empêcher d'incliner dans une direction vicieuse. Ce n'est point, comme on serait tenté de le croire, un retour aux corps usités dans nos derniers siècles, et qui consistaient en une sorte de cuirasse inflexible, lourde, garnie de baleines très-dures et de fer, où le buste des femmes était renfermé sans mouvemens : l'expérience et le temps plus forts que la mode en ont fait justice.

Mes corps, dans lesquels j'ai obtenu l'immense avantage de supprimer les busc d'acier, sont entièrement garnis de baleines douces et flexibles dont l'action et la force dépendent de la direction que je leur donne , suivant les parties de la poitrine auxquelles elles correspondent.

Les bons résultats que j'ai obtenus, dans les premiers essais que j'en fis, m'ayant fait reconnaître toutes leurs qualités, j'ai étendu plus loin leur application. Je les ai fait servir à l'orthopédie , non seulement comme moyen préservatif des déviations, ce qui était leur premier effet à remplir, mais encore comme moyen curatif des difformités (1). Seulement, dans ce dernier

(1) Les bornes que je me suis imposées dans ce petit ouvrage ne me permettant pas d'exposer un grand nombre des cas de redressement opérés par mes corps, je me contenterai d'en indiquer quelques uns de nature différente.

Première observation. Mademoiselle A***, âgée de quatorze ans, d'un tempérament lymphatique, était déviée depuis trois ans, dans une étendue de vingt-cinq centimètres des régions dorsale et lombaire de la colonne épinière. La courbure était déjetée à droite et s'éloignait de trois centimètres et demi de la verticale. A droite, les côtes faisaient une saillie régulière ; à gauche, elles présentaient une excavation correspondant au dessous de l'aisselle. L'épaule droite était plus haute que la gauche d'un centimètre.

Tel était l'état de mademoiselle A***, quand je lui appliquai mon corps orthopédique, en juin 1834. Je la revis en novembre de la même année : elle avait crû de vingt-trois millimètres ; la longueur de la courbure de l'épine était difficile à préciser , mais l'écartement de la courbe à la verticale n'était plus que de trois centimètres. Cette rectification de la colonne avait amené une amélioration générale dans toute la poitrine.

En juillet 1835, je l'examinai pour la deuxième fois. Sa croissance avait été assez forte, elle entrait dans l'âge de la puberté. La colonne n'était plus déviée que d'un centimètre, la poitrine avait une tournure gracieuse, les épaules étaient au même niveau. A la

cas, j'y adapte quelquefois , quand les difformités sont trop prononcées , un système de compression qui varie dans sa disposition et sa force, suivant l'âge des jeunes personnes, le siége , l'ancienneté et la gravité de la déviation.

Malgré la complication qu'ils acquièrent par les buscs et les plaques que j'y ajoute, seulement dans les cas de difformités extrêmes , ils ont sur les corsets en métal qu'emploient les médecins orthopédistes , des avantages qui leur donnent sur ces derniers une grande supériorité.

fin de l'année suivante, mademoiselle A*** était entièrement redressée, son tempérament s'était affermi.

Deuxième observation. Mademoiselle P***, âgée de quinze ans, lymphatique, avait été envoyée à l'âge de onze ans dans un établissement d'orthopédie pour une déviation commençante. Tous les soins qu'on lui donna n'avaient pas empêché la difformité de faire des progrès. Cette jeune personne, après trois années d'un traitement infructueux, rentra dans sa famille où elle continua encore quelque temps l'usage des corsets de fer. Au commencement de 1836, elle prit mon corps orthopédique. Mademoiselle P*** avait la poitrine couverte des traces de la violence du corset de métal qu'elle venait de quitter; la colonne épinière présentait deux courbures : une à droite, primitive et très-prononcée ; l'autre à gauche, secondaire et moins forte. Les côtes déviées dans différentes directions donnaient à la poitrine une forme très-irrégulière. Après une année de l'application de mon corps, la colonne s'est allongée , les courbures ont rentré vers la ligne médiane, la taille s'est dessinée, et mademoiselle P***, dont l'état va encore s'améliorant, sort sans châle, aisée dans ses mouvemens et dissimulant fort bien le peu de difformité qui lui reste.

Troisième observation. Mademoiselle V***, âgée de neuf ans, d'un tempérament rachitique, était déviée depuis un an. L'affection avait eu une marche rapide : il existait dans toute la longueur de

Leur usage contribuera beaucoup à arrêter dans leurs progrès les déviations de la taille, en offrant un moyen simple de les combattre à leur début.

Toute difformité, comme je l'ai déjà dit, commence par être très-légère et demeure même long-temps inaperçue. Quand on l'a reconnue, la répugnance que l'on éprouve à employer, pour y remédier, des moyens aussi extrêmes que ceux généralement conseillés par les orthopédistes, fait que l'on hésite, on diffère, on attend toujours une amélioration de l'avenir. Mais, à la place de ce mieux que l'on espérait, la difformité s'aggrave, le besoin d'y porter remède devient plus

l'épine trois courbures, dont la première, en arrière et à droite, déterminait une gibbosité très-prononcée. Le sternum, repoussé par les côtes, faisait saillie en avant où il était courbé par le milieu, la tête était comme projetée en avant, l'épaule droite était un peu plus élevée que la gauche, la hanche gauche faisait plus de saillie que la droite. L'enfant fut mise à un traitement anti-rachitique, en même temps qu'elle prit mon corps. Je m'attachai à diriger son action sur la courbure principale, pensant que, si elle se redressait, les autres diminueraient secondairement. C'est ce qui eut lieu, en effet; l'enfant est beaucoup moins difforme, son torse se redresse et s'allonge, et mademoiselle V*** grandissant dans mon corps qui la soutient de son appui, sera assez heureuse pour ne conserver à la puberté que quelques traces d'une difformité qui avait commencé d'une manière si désolante.

Je ne cite que ces succès obtenus dans des cas difficiles, passant sous silence un grand nombre de guérisons plus ou moins complètes, obtenues dans des cas de déviations commençantes et plus simples.

pressant, les moyens à employer sont plus compliqués. L'embarras de la famille est au comble; il est indispensable d'envoyer la jeune personne dans un établissement d'orthopédie : elle est jeune, elle est faible, elle n'a jamais quitté sa mère, on craint de faire connaître ce que l'on tient soigneusement à cacher, à cause des préjugés qui existent dans le monde, pour les infirmités de ce genre.

Toutes ces considérations arrêtent , et, dans cette longue agitation, les années se passent , les os s'affermissent dans leur position vicieuse , et l'on n'a plus contre la maladie que des ressources incertaines que l'on essaie au prix de bien des sacrifices de temps, d'intérêt et d'affection.

Toutes ces inquiétudes, tous ces désordres causes de tant de repentirs pour les personnes trop confiantes qui ont inutilement attendu une guérison des changemens que l'âge amène dans le tempérament , on les évitera en faisant prendre mon corps orthopédique aux enfans des deux sexes, dès qu'ils menaceront de devenir difformes. Son usage n'a rien qui répugne , rien qui fatigue. Il est presque aussi léger que les corsets ordinaires, il corrige par sa tournure la déviation et l'empêche d'être apparente à l'extérieur par dessous les vêtemens. (*Voy.* la pl., fig. 1 et 2.)

Il donne à la taille une régularité de forme qui permet aux jeunes personnes de s'habiller conformément à leur âge et à la saison, et les dispense d'avoir en tout temps, pour cacher une difformité trop apparente, ou des châles, ou des manteaux, ou tout autre objet de parure dont le poids les fatigue.

Ce corps fournit à la poitrine une enveloppe qui la soutient dans tous les sens et l'empêche de tomber là où elle a une propension. Indépendamment de cet avantage, il produit encore deux autres effets qui tendent directement à redresser la colonne. 1° En prenant un point d'appui en bas sur les hanches, et en haut sous les aisselles; il écarte, par sa force élastique, ces deux points l'un de l'autre, et maintient la colonne dans un état de tension favorable à son redressement. Chez les sujets où l'âge a affermi la déviation ou chez qui elle est très-prononcée, j'ajoute à l'action des baleines, de chaque côté ou d'un côté seulement, selon les cas, un genre de ressort d'acier excessivement léger et flexible, contourné en demi-cercle en s'appliquant sur le torse, et dont la force élastique s'exerce uniquement de bas en haut, sans aucune pression latérale, système tout-à-fait différent de ceux jusqu'ici employés, et rentrant complétement dans les moyens de l'orthopédie moderne, l'extension directe. 2° Il exerce sur la saillie produite par la déviation une pression légère que l'on peut augmenter à volonté, avec le lacet qui le ferme (1).

J'ai remarqué qu'il n'était pas nécessaire de rendre cette pression trop forte; et l'on conçoit facilement la possibilité d'arriver, à l'aide d'une puissance assez faible et agissant d'une manière continue, à redresser une déviation qui a été produite elle-même et reste entretenue par une cause dont l'action est également lente et continue. Ici le moyen de redressement présente les mêmes conditions que les causes qui ont amené la difformité; il suffit donc de lui donner une action un peu plus intense que ces causes pour les annuler et, par suite, réduire dans leur état primitif les parties dont l'équilibre de station avait été détruit.

Je m'explique par un exemple : on peut, par une résistance bien faible, détourner de sa direction naturelle le tronc d'un jeune arbre. Eh bien!

---

(1) Il est une objection qui de prime abord se présente à l'esprit ; c'est qu'à la longue, les saillies anormales du torse doivent faire déformer le *corps* et neutraliser la pression qu'il exerçait sur elles. Mais cette objection tombe par la facilité que donne la structure du *corps* de pouvoir le tourner de côté; c'est-à-dire mettre ses faces un jour en dedans, un autre jour en dehors, et de redresser le lendemain, tout en augmentant son action, la courbure que les baleines avaient contractée la veille.

qu'on applique une résistance un peu plus forte du côté opposé à celui où il avait été entraîné, la première qui existe toujours sera neutralisée par une partie de la seconde dont l'excédant suffira pour ramener la tige courbée dans sa direction primitive.

Il n'est donc pas indispensable d'appliquer aux déviations de la taille des moyens aussi énergiques que les corsets de fer auxquels on ne devrait jamais avoir recours que chez des personnes adultes ou dans les cas où les difformités sont extrêmes et approchent de la mutilation.

Ils ont, du reste , des inconvéniens qui doivent les faire généralement exclure.

Avant de me permettre de les critiquer , j'en ai long temps observé les effets. J'ai suivi leur action chez différentes jeunes personnes atteintes de déviations assez légères pour ne pas être obligées d'aller se soumettre, dans des établissemens d'orthopédie, à un traitement qu'elles faisaient dans leur famille; et, s'ils ont eu quelques succès, ils ont eu aussi bien des inconvéniens; et je crois pouvoir dire que seuls , sans être aidés de moyens accessoires, ou médicaux, ou gymnastiques , ils ont rarement opéré une guérison avantageuse.

J'ai vu que les jeunes personnes qui s'en servaient ne se les laissaient mettre qu'avec répugnance et en cédant aux supplications de leurs parens. A peine les avaient-elles, elles perdaient leur gaîté, avaient de l'indifférence, du dégoût même pour le mouvement qu'elles aimaient et recherchaient dès qu'on leur enlevait le corset. Elles sentaient un malaise qui les fatiguait, elles se refusaient aux distractions de la promenade, elles étaient dans cet état de souffrance où tout dégoûte, où tout pèse, et qui aigrit le caractère jusqu'à le rendre insupportable aux personnes qui vous entourent de leurs soins et de leur affection.

Pouvait-il en être autrement, quand on enchaînait leurs mouvemens dans un corset dont le poids n'est jamais moindre que deux ou trois kilogrammes et va souvent beaucoup au dessus.

Qu'on juge de l'effet de cette pesanteur sur des enfans déjà bien affaiblis, par ce que nous éprouvons nous mêmes de fatigue, lorsque nous prenons seulement pendant quelques heures, par extraordinaire, un châle ou un manteau dont le poids est loin d'atteindre celui d'un corset de métal.

Par suite de cette lassitude, les muscles perdant de leur énergie, la colonne épinière s'affaisse sur elle-même, et l'équilibre des forces qui la

maintenaient droite étant déjà détruit par la déviation qui existe, cette déviation ne peut encore
qu'augmenter.

Il y a donc ainsi dans les corsets métalliques
deux effets qui sont en opposition : d'un côté ils
redressent, d'un autre ils augmentent les difformités pour lesquelles on les emploie. Que doit-il
en résulter? de la peine, des soins en pure perte
et la persistances de la maladie ; et c'est en effet
ce que l'on a très-souvent occasion d'observer.

Faisant du reste abstraction de la pesanteur
fatigante des corsets de fer, il est d'autres inconvéniens inhérens à leur système qui détrui-
sent beaucoup des bons effets qu'on peut en retirer.

Dans ces corsets, le tronc est tenu sans mouvement; et j'ai déjà dit que l'immobilité et le
défaut d'exercice des muscles étaient une cause
puissante de faiblesse et par suite de déviation. Ils
produisent donc un effet contraire à celui que l'on
désire avoir, puisque dans l'orthopédie, tous les
moyens tendent généralement à fortifier le corps.

Ils opposent aux parties avec lesquelles ils sont
en contact une résistance continue trop forte ; ils
produisent de la douleur et ont l'inconvénient
des corsets ordinaires mal faits ; c'est-à-dire qu'ils
contraignent les malades à se soustraire à cette
douleur, par des positions forcées et vicieuses

qui sont tout-à-fait contraires au redressement que l'on veut opérer.

J'ai vu plusieurs jeunes personnes chez lesquelles ils avaient produit des ulcères, en détruisant par leur compression trop forte la vitalité de la partie sur laquelle s'opérait la résistance.

Je sais bien que cet accident ne serait pas arrivé si leur action eût été surveillée par un médecin ; mais les parens confians dans l'emploi du corset de fer, du moment où il leur a été indiqué pour leurs enfans, en croient l'application facile et exempte de tout inconvénient. Ils dirigent le traitement seuls, n'ont recours qu'à de longs intervalles aux conseils de la médecine ; et ils ne pensent à une plaie que quand elle s'est déjà ouverte et qu'elle fait des progrès rapides, par suite des changemens que la compression a apportés dans la vitalité de la peau et des parties qu'elle recouvre.

Peut-on craindre tant d'inconvéniens de l'usage de mes corps, qui, par l'élasticité que leur donnent les baleines fixées dans des directions convenables, se prêtent à tous les mouvemens de la poitrine, tout en continuant à lui donner un support qui fait disparaître à la longue ses difformités (1) ?

(1) J'aurais pu entrer dans des détails plus étendus sur le mode

D'ailleurs, les avantages de mon corps ne consistent pas seulement à fournir à l'orthopédie des moyens simples, faciles dans leur application pour le redressement des déviations de la taille; ils peuvent encore remplacer avec supériorité les corsets ordinaires.

Quelques personnes sur lesquelles j'en ai fait les essais, ont eu à se louer de l'aisance qu'ils leur procuraient et de l'heureuse modification qu'ils faisaient subir à la taille, qu'ils allongeaient et déprimaient d'une manière uniforme, en laissant à la poitrine toute la liberté de ses mouvemens.

C'est ce qui m'engage à les proposer à la place de ces derniers, qui ont le désavantage de se déformer promptement, de se plisser et de produire sous les robes des saillies peu gracieuses.

Ce n'est point ici une innovation purement de mode, une affaire de goût, un genre plutôt qu'un autre, variant seulement dans la forme et devant

d'action et les bons résultats de mes corps employés contre les déviations de la colonne vertébrale. Mais, voulant éviter des répétitions qui nuiraient au cadre resserré de ce livre, je me suis contentée de laisser parler les hommes de l'art qui ont suivi leurs effets dans les diverses applications que j'en ai faites. Je renvoie donc aux rapports que je joins à la fin de l'ouvrage : l'éloge de mes corps, fait par des médecins, dira en leur faveur beaucoup plus que je ne pouvais le faire moi-même. (*Voy.* les Rapports à la fin de ce livre.)

avoir les mêmes résultats. C'est un changement avantageux et raisonné auquel m'a conduit l'observation que je prends toujours pour guide dans toutes les modifications que j'apporte à ma profession.

D'ailleurs, avant de me prononcer autant en faveur de mes corps, et de vouloir les faire adopter d'une manière exclusive, comme objet de toilette, j'ai pris l'avis de plusieurs médecins distingués qui ont suivi leurs effets chez différentes jeunes personnes où j'ai commencé à les employer, et en ont constaté tous les avantages.

Le seul qui suffirait pour les faire prévaloir et en rendre l'usage général, c'est qu'ils s'opposent aux déviations de la taille dont les autres sont si souvent la cause. Ils sont plus faciles à mettre que les corsets ordinaires, parce qu'ils ne sont pas comme eux sujets à s'affaisser d'un côté ou d'un autre, ce qui devient une cause de malaise, si on n'a pas soin de les redresser par une manière de lacer convenable.

Sous ce rapport, mes corps deviendront principalement utiles dans les pensionnats où l'on n'a que peu de temps à donner à l'habillement de chaque enfant, et où il est si facile d'y mettre involontairement une négligence dont les suites peuvent devenir si graves.

CHAPITRE SIXIÈME.

J'ai souvent entendu dire aux dames : « ma » fille est trop jeune pour porter un corset; elle » n'est pas assez formée. » C'est là ce qui prouve encore combien on comprend peu le but des corsets.

Quand peuvent-ils être plus utiles pour modifier le développement de la taille que dans le bas âge, au moment où elle n'est pas encore formée, où l'on n'a qu'à la façonner comme on l'entend, en profitant de la croissance qui va se faire; plutôt que d'avoir à la corriger plus tard, une fois qu'elle a pris ses formes naturelles ?

C'est généralement de la huitième à la dixième année qu'il convient le plus de faire commencer aux jeunes demoiselles l'usage des corsets. A cet âge, la partie inférieure de la poitrine est à peu près parvenue au degré de développement qu'elle ne doit pas dépasser pour que la taille ait une tournure convenable. Les formes du tronc ne sont point encore dessinées ; les os vont commencer la croissance qu'amène la puberté. La poitrine et le bassin, qui avaient été resserrés jusqu'alors, vont prendre, dans le cours de quelques années, leurs formes d'adultes.

C'est donc le moment le plus favorable pour leur imprimer les modifications qu'on veut leur faire subir. Alors tous les soins se bornent à diriger le développement, à mettre obstacle aux parties dont on veut arrêter la croissance et à rendre libres, au contraire, celles que l'on veut voir se développer.

Un corset remplit alors l'office d'un moule extérieur sur lequel le buste viendra s'arrondir de lui-même, d'une manière lente et insensible ; tous les soins se borneront à veiller à ce qu'il soit bien fait, qu'il ne perde pas de ses formes en servant, et qu'il soit mis tous les jours convenablement.

Si, au contraire, pour faire prendre un corset à une jeune personne, on attend que l'âge ait terminé et affermi sa constitution, ce qui a lieu de quatorze à seize ans, les soins à prendre ne seront plus les mêmes; et il faudra réduire les parties de la poitrine qui se seront trop développées.

Cette réduction n'est pas chose impossible, il est vrai ; mais elle ne se fait pas sans difficulté et offre tous les dangers que j'ai déjà exposés.

Mais ce que l'on ne peut pas produire à cette époque, c'est le développement surnaturel des régions supérieures ; parce que la force vitale qui préside à l'accroissement des os, ayant épuisé l'impulsion qu'elle n'avait que pour un temps limité, ne se reproduit plus.

On ne peut donc pas compter sur la compensation qui s'opère lorsque, pendant la durée de son action, on vient à la contrarier dans un sens (la partie inférieure de la poitrine), et qu'elle se reporte sur un point où elle eût été moins active (la partie supérieure).

Si l'on ne se conforme pas toujours à faire prendre les premiers corsets aux jeunes personnes, entre l'âge de huit et dix ans, l'on ne doit faire d'exception à ce principe que pour en avancer l'époque plutôt que de la reculer.

Il est des enfans dont le tempérament est si faible, que leur tronc a besoin d'être soutenu, si l'on veut les préserver d'une difformité qui trouve dans cette organisation débile tous les élémens nécessaires à son développement. Les précautions de l'hygiène, les soins de la médecine, les exercices gymnastiques sont insuffisans: il n'y a qu'un corset qui puisse offrir quelque avantage. C'est un support artificiel que l'on donne au tronc, en attendant que la nature ait développé la force des organes qui doivent le maintenir dans une direction convenable.

Une autre circonstance où l'on peut encore en devancer l'usage, c'est lorsque les enfans présentent un embonpoint trop considérable, qu'elles ont une bouffissure générale qui fait disparaître toutes leurs formes.

Dans ce cas, un corset serrant légèrement la partie inférieure de la poitrine, en refoule la graisse, s'oppose à son accumulation sous la peau en rétrécissant, par une sorte d'atrophie, les cellules qui la contiennent, et prédispose ainsi la taille à devenir mince et allongée.

Ces deux cas exceptés, on doit laisser les enfans libres et sans les serrer dans leurs vêtemens, jusqu'à ce qu'elles aient atteint l'âge de huit à dix ans.

Lorsque le développement s'effectue, il faut
ne pas attendre, pour changer un corset, qu'il
soit complétement usé. Cette économie ou cette
négligence seraient dangereuses pour les jeunes
personnes; car, la poitrine croissant en hauteur,
les rapports entre ses différentes régions et le
corset n'étant plus les mêmes, l'effet de ce dernier serait tout-à-fait changé.

Il faut au moins renouveler les corsets chaque
année, et souvent à des termes plus rapprochés,
quand la croissance est rapide, jusqu'à ce qu'elle
soit entièrement terminée et la constitution af-
fermie.

C'est dans les maisons d'éducation que les jeunes personnes passent cette partie de la vie pendant laquelle elles sont le plus exposées à con-
tracter des déviations de la taille, tant à cause
des développemens que l'âge amène chez elles,
que par l'effet que produit sur leur organisation
physique leur éducation intellectuelle et les attitudes qu'elles ont dans leurs travaux.

Aussi les directrices de ces établissemens doi-
vent-elles surveiller la croissance de leurs jeunes
élèves, et observer avec une attention scrupuleuse
si leur développement s'effectue d'une manière
régulière. Elles ont à remplir auprès des enfans
qui leur sont confiés tous ces petits soins de mè-

res qui font partie de l'éducation. Elles ne doivent charger d'habiller leurs élèves que des personnes intelligentes , si elles ne surveillent pas elles-mêmes cet instant du lever.

On ne saurait trop blâmer cette manière de s'habiller que l'on suit quelquefois , par économie de temps, dans les pensionnats où les élèves, placées les unes à la suite des autres , se lacent entre elles et font souvent d'une chose importante une partie d'amusement , prévoyant peu tout ce qui pourrait leur en revenir de désagrémens par la suite.

Pour lacer convenablement un corset , si l'on veut qu'il ait de bons résultats, il faut avoir soin de laisser libres les épaules et toute la partie supérieure de la poitrine.

On commencera donc par faire courir en spirale, dans les œillets, toute la longueur du lacet. On reviendra ensuite en haut, à trois ou quatre reprises, tirant sur chaque tour de manière à rapprocher chaque fois un peu l'un contre l'autre les bords opposés du corset, et serrant d'autant plus qu'on arrive plus près des dernières côtes. Là, on commence à serrer moins fortement , de manière à produire l'effet inverse et à conserver aux hanches la même aisance qu'on a laissée au haut de la poitrine. On doit principalement veil-

ler à ce que les deux côtés du dos du corset soient
à égale hauteur, et qu'il ne fasse pas de plis ; ce
qui ne manquerait pas d'avoir lieu si l'on ou-
bliait de faire courir le cordon dans tous les œillets. Pendant tout le temps de cette opération ,
les enfans doivent rester immobiles et droites ,
la poitrine saillant en avant, les épaules à hauteur
égale et les bras pendans le long du corps.

Qu'on y fasse bien attention ; c'est de cet habillement journalier que dépend plus tard la tournure des jeunes personnes. On ne saurait donc
y donner trop de soins , et on ne doit pas regarder comme perdu le temps qu'on y consacre.

Je sais bien que tous ces soins sont lents et mi-
nutieux, dans un pensionnat où l'on n'a que peu
d'instans à donner à l'habillement d'une grande
quantité d'enfans. Mettre un corset n'est pas l'affaire d'un moment ; et quelquefois, pour abréger
le temps, on pourrait négliger d'en faire porter à
de jeunes personnes pour qui il est de toute né-
cessité, ou on ne les lace que d'une manière imparfaite, ce qui les rend au moins gênans, quand
ils ne deviennent pas nuisibles.

Pour obvier à cet inconvénient de perte de
temps, quand on met un corset, on en a employé
d'ouverts par devant où on les ferme à l'aide
d'un lacet avec bien plus de facilité. Ce genre se

rait assez commode , s'il n'avait le défaut de ré-
trécir la poitrine en avant , en aplatissant les
côtes, et de voûter les épaules et le dos, en faisant saillir la colonne épinière.

C'est ce qui en a fait exclure l'usage parmi les
dames de bon ton. Il ne s'en est conservé que
dans certains ordres religieux où son genre fait
partie du costume et chez les femmes de la cam-
pagne, dans plusieurs parties de la France. Là ,
il a moins d'inconvéniens, parce qu'à la campa-
gne, bien que la coquetterie et le désir de plaire.
ne soient pas étrangers aux femmes, elles se servent moins souvent de corsets que les dames des
villes, et elles ont d'ailleurs une organisation généralement plus forte qui résiste davantage aux
effets d'une compression vicieuse.

On a encore essayé d'appliquer aux corsets
différens mécanismes qui tous offrent dans leur
emploi ou des difficultés ou de l'insuffisance.
Aussi, aucun d'eux n'a pu être généralement
adopté, sans en excepter les dos à poulies qui sont
bien loin de répondre aux avantages qu'on leur
attribue , parce que les buscs mécaniques anté-
rieurs qui sont indispensables au système, le
rendent fort désagréable et beaucoup trop com-
pliqué.

Je comprends cependant l'utilité d'une semblable abréviation et tous les avantages que pourraient avoir les dames à mettre leur corset seules, sans passer un lacet avec difficulté et lenteur. Mais jusqu'ici tous les moyens proposés n'ont pu atteindre ce but. On n'a pas pu remplacer le lacet pour la facilité qu'il donne de serrer à volonté.

Pour moi, j'ai tenté plusieurs mécanismes dont je ne parlerai pas, parce qu'ils sont insuffisans et compliqués.

Je sens tellement l'inconvénient de s'arrêter à des choses inutiles, que j'ai négligé de faire connaître un moyen que je trouvai, il y a déjà plusieurs années, pour délacer tout d'un coup et à l'instant un corset.

Ce moyen consiste à glisser entre les deux étoffes du dos du corset, comme dans une coulisse, une baguette de baleine qui convertit en œillets des échancrures peu profondes qui se trouvent sur le bord. En retirant la baleine de la coulisse, les spirales du lacet n'étant plus retenues, deviennent libres, et le corset s'ouvre aussitôt.

Ce mécanisme bien simple a été généralement répandu ; je crois qu'il remplit le but pour lequel je l'ai inventé ; mais il est d'une utilité bien faible, tant il est chose facile et prompte de délacer un corset par les moyens ordinaires.

J'avouerai donc mon impuissance jusqu'ici

pour trouver une manière réellement utile et aisée de fermer un corset, en abrégeant le temps
qu'on y emploie ordinairement. Peut-être y
reviendrai-je encore, malgré mes essais infructueux.

Je m'appliquerai toujours de préférence à ce
qu'il y a de difficile et de délicat dans la confection et l'emploi des corsets. Je m'aiderai de mes
observations et de mon désir d'améliorer pour
faire prendre à leur fabrication une impulsion de
perfectionnement qui en excluera tous les vices,
pour n'en conserver que les avantages.

Et si je me suis permis d'écrire sur un sujet
qui paraît, au premier abord, si commun, si aride
et si peu digne de fournir des pages à l'impression, c'est dans l'intention de faire ressortir l'importance peu sentie de l'usage des corsets.

J'ai donné aux mères de famille et aux directrices de pension des notions que beaucoup d'elles
ignoraient, et qui cependant sont indispensables
pour former d'une manière convenable et sans
dangers la taille d'une jeune personne.

Si mes efforts atteignent à leur but, toute mon
ambition sera remplie.

Former la taille d'une femme sera désormais
regardé comme un point délicat de son éducation.
On évitera ses difformités parce qu'on en con

naîtra les causes. On les combattra quand elles seront commençantes, sans se laisser aller à une espérance trompeuse de guérison spontanée.

La taille gagnera en élégance par les modifications que lui apportera le goût éclairé des fabricantes de corsets qui se pénétreront de mes principes. On pourra, sans danger, donner à sa tournure ce gracieux qui en fera toujours un des charmes les plus agréables de notre sexe.

RAPPORTS

DE DIFFÉRENS MÉDECINS

SUR

LES RÉSULTATS OBTENUS PAR LES CORPS ORTHOPÉDIQUES

DE L'AUTEUR.

I

11 juin 1838,

RAPPORT FAIT PAR LE DOCTEUR TAXIL,

Rapporteur d'une commission nommée pour l'examen de divers
appareils offerts par madame Vedeaux à la Société des sciences,
belles-lettres et arts, du département du Var.

La confection des corsets à laquelle se livre, avec tant de succès, madame Vedeaux à Toulon, l'a mise dans le cas d'imaginer des modifications importantes à ce vêtement, qui, si universellement admis dans les siècles passés sous le nom de corps, si généralement blâmé aujourd'hui à cause de ses imperfections, est armé par l'orthopédie de courroies et de fer dirigés contre la gibbosité dont la source la plus prochaine réside dans la déviation de la colonne vertébrale.

C'est sous le double point de vue de favoriser le développement heureux de la taille et de remédier aux difformités dont elle pourrait être frappée, que madame Vedeaux nous a présenté un *corps baleiné* « qui unit à la légèreté et à l'élégance une » force de résistance assez grande pour soutenir » le tronc et l'empêcher de s'incliner dans une » direction vicieuse ». Telles sont les expressions de l'auteur ; nous aimons à redire ses propres paroles.

A l'aspect de ce corset dont la tournure gracieuse, la simplicité et le fini du travail semblaient le destiner à se mouler sur les contours de la poitrine la plus parfaite, notre commission ne put pas croire que sous son application on pouvait un redressement d'une difformité vertébro-costale. Mais elle fut cependant forcée de convenir que sa pression égale, uniforme, incessante devait lutter avec avantage contre la tendance qu'ont certaines cages thoraciques appartenant à des individus scrofuleux à se dévier ; que son mode d'action, conforme aux exigences naturelles, comportait la plus grande liberté, avantage immense, qui laisse aux puissances musculaires toute leur liberté, leur permet d'acquérir un développement égal, uniforme, qu'entravent plus ou moins les appareils orthopédiques à busc d'acier; que ces conditions si favorables au maintien de l'équilibre devaient fixer les regards d'une mère qui apercevrait sur sa fille les premières traces d'une déviation.

Mais les avantages des corps de madame Vedeaux se bornent-ils là? C'est ici que l'expérience, ce grand maître, doit-être invoquée. Déjà plusieurs faits attestés par des hommes de l'art sont venus déposer en faveur de madame Vedeaux, dont la discrétion l'empêche d'exposer au grand jour les nombreux cas qu'on lui a confiés. Elle a bien voulu nous présenter une petite de dix ans affectée d'une déviation spinale très-prononcée et qui, revêtue d'un *corps baleiné*, nous a permis d'en étudier le mode d'action dans tous ses détails.

La convexité de la courbure était à droite supérieurement : le point du corset qui était en rapport avec la concavité opposée avait été renforcé par une couche épaisse de ouate en forme de remplissage; le corset était garni en entier de baleines. Les emmanchures, à la même hauteur, ne servaient pas de support par leur contour supérieur élastique; mais leur demi-circonférence inférieure, résistante, obligeait toujours le creux de l'aisselle abaissée à se relever. Le *corps* lacé par la partie moyenne du dos tendait donc, en embrassant exactement le thorax qui lui servait d'appui, à ramener dans sa rectitude normale l'axe du tronc qui est la colonne vertébrale.

Il était curieux de voir le redressement de cet enfant revêtue de son corset seulement, et la vicieuse tournure que lui imprimait sa robe qui, faite avant qu'on ne lui fît l'application de ce moyen nouveau d'orthopédie, retraçait toutes les défectuosités de sa taille.

Cette circonstance indiquait qu'une amélioration était obtenue déjà et semblait présager des succès ultérieurs.

On voit dans le mécanisme de cette puissance une uniformité harmonique qui embrasse l'ensemble de trois élémens qui président à la gibbosité; et c'est dans cette action simultanée que nous plaçons la supériorité possible des *corps Vedeaux* sur tous les moyens d'orthopédie connus. Ce n'est pas sur l'énergie de son corps que madame Vedeaux compte pour corriger les déviations de la taille; mais c'est par une pression légère, égale, continue, qui se fait sans nuire au libre exercice des parties dont la faiblesse s'aggrave par l'immobilité, qu'elle espère parvenir à la solution d'un problème intéressant de mécanique vivante.

Quoi qu'il en soit, ce n'est ni sur ce que le

raisonnement de concert avec la théorie démontre, ni sur le ton naturel que respire l'écrit de madame Vedeaux qu'on peut se former une juste idée de l'utilité de ce *corps* pour ramener les tailles tournées. La pratique viendra en démontrer la justesse; et si le succès la couronne, ce sera le génie d'une femme qui aura révolutionné les dogmes orthopédiques.

Il est bon, avant de terminer, d'ajouter que les résultats que l'auteur se promet seront d'autant plus faciles que l'enfant sera moins grand, c'est-à-dire qu'il sera plus loin du terme de son organisation : en effet, si les désordres survenus dans la charpente osseuse du rachis étaient fixés, on ne comprend pas comment on pourrait les surmonter à l'aide de ces faibles corsets. Mais dans ces cas, les moyens les plus puissans, ces demi-cuirasses, ces appareils extensifs violens, n'échouent-ils pas ?

La liberté physique à laquelle livrent les *corps Vedeaux*, s'allie parfaitement avec la gymnastique si propre à fortifier l'organisme et avec les traitemens spécifiques que la médecine érige contre le rachitisme et les scrofules.

Les fréquens rapports de madame Vedeaux avec les personnes du sexe lui ont fait rencontrer souvent dans sa pratique des hernies ombilicales, des éventrations, chez les femmes qui ont fait beaucoup d'enfans, qui ne pouvaient être maintenues par les bandages ordinaires. Elle a cru en trouver la cause dans ce que la pression n'arrivait à la pelote que par l'entremise des deux branches de la ceinture, c'est-à-dire, en serrant la boucle postérieurement placée. Alors elle a imaginé de comprimer directement la hernie, et pour cela, au centre de la pelote, les deux branches d'acier, dentées sur leur plein, chevauchent l'une sur l'autre; leurs dents s'engrènent dans un pignon à fuseau qui, en tournant à droite ou à gauche, éloigne ou rapproche les tiges, c'est-à-dire élargit ou referme la ceinture, relâche ou presse la pelote. Certes, c'est bien encore en définitive sur les tiges des ressorts que tout se pose; mais la pression s'exerce directement sur la pelote, et c'est un avantage. Au reste, dans les cas d'exomphales multiples, lorsque la ligne blanche ouverte laisse sortir une masse intestinale ou épiploïque considérable, c'est alors que l'artiste adroite sait, par une ceinture habilement confectionnée, remédier à ces sources variées de souffrances, de douleurs et de dangers.

En somme, votre commission, hors d'état de sanctionner encore complétement les bons effets des appareils déposés par madame Vedeaux, est d'avis que leur ingénieuse simplicité décèle dans leur auteur une capacité, une adresse et des talens qui la recommandent aux amis de la science et de l'humanité.

Signé MM. Roche, professeur de chimie, chevalier de la Légion-d'Honneur; président.

Layet, docteur médecin.

Trastoux, chirurgien en chef de l'hôpital militaire, chevalier de la Légion-d'Honneur.

Aubert, docteur médecin.

Taxil, docteur médecin, médecin en chef de l'hôpital civil; rapporteur.

Madame Vedeaux, à Toulon, fabricante de corsets, s'est livrée par étude et par goût à la recherche des moyens propres à corriger les diverses déviations de la taille, chez les jeunes personnes. Les médecins de la ville qui ont eu recours aux appareils qu'elle emploie dans ce genre de difformités, doivent des éloges aux corsets mécaniques si bien ajustés aux formes, souples, élastiques, qui laissent au côté dévié toute la liberté des mouvemens naturels, en lui imprimant toutefois la pression nécessaire au retrait de la déviation.

Les tailles qui *tournent*, suivant l'expression reçue, sont communes, et les parens qui répugnent à l'emploi des moyens extraordinaires en usage dans les établissemens orthopédiques,

adoptent sans méfiance un moyen dont la simplicité n'est qu'apparente , puisqu'il résout un
problème de mécanique animale qui supplée avec
avantage à ceux qu'il a remplacés. Madame Vedeaux s'adresse d'abord aux jeunes filles dont la
cage pectorale se déforme sous l'influence du rachitisme. Dans ces cas si fréquens de notre localité , nous pouvons attester que ses corsets dits
orthopédiques, si bien appropriés aux résistances
à vaincre, aux développemens à obtenir, sont les
plus puissans auxiliaires des moyens médicaux
employés pour combattre le rachitisme.

Madame Vedeaux s'étant posée la question de
combattre les déviations sans le secours de l'immobilité du tronc, voulant au contraire faire con-
courir la mobilité pleine et entière des parties
déformées au rétablissement de leur état normal ,
a proscrit le fer de la confection de ses œuvres
orthopédiques.

C'est un immense résultat que les mères ac-
cueilleront avec d'autant plus d'empressement,
que déjà , et pour les cas ordinaires, elles adoptent les corsets dont la contexture est la plus
simple et la moins gênante.

Nous avons vu de jeunes filles *tournées* qui ,
après avoir revêtu le corset orthopédique , se di-
saient mieux lacées, plus libres dans leurs mou-

vemens; le succès a été immense après trois mois de son usage. Des poitrines déformées qui avaient entraîné la déviation des épaules et des hanches, ont été rendues après un an d'exercice à leur normalité première.

Madame Vedeaux croit avec raison qu'un corset doit d'abord s'accommoder à l'état naturel de la taille, que cet état est le centre auquel elle doit ramener les diverses déviations. Ce point de départ est logique et vrai ; les moyens mécaniques qui s'en écartent, ont toujours produit des tailles, même après le redressement des parties, qui s'éloignent des reliefs naturels du torse.

Madame Vedaux est parvenue à son résultat à l'aide d'un support élastique auquel la disposition des baleines qui le garnissent en tout sens donne une mobilité très-étendue. Les enfans rachitiques revêtus du corset s'y trouvent à l'aise; leurs mouvemens sont libres, leur poitrine se dilate avec liberté, le cœur bat normalement ; rien n'accuse le moyen orthopédique mis en œuvre pour corriger la difformité.

Signé MM. LAUVERGNE, docteur médecin, professeur à l'hôpital de la marine, chevalier de la Légion-d'Honneur.
MARTIN, docteur médecin.
DÉPIERRIS, docteur médecin.

III

Je, soussigné, docteur en médecine, 2ᵉ chirurgien en chef de la marine, chevalier de la Légion-
d'Honneur, déclare que les corps en baleines que
madame Vedeaux propose de substituer aux corsets actuellement en usage, me paraissent devoir
amener des résultats utiles.

L'essai qu'elle en a fait recommande cette innovation au moyen de laquelle on évitera les déviations de la taille qui sont si souvent la conséquence
de l'application peu méthodique des corsets ac-
tuels.

C. AUBAN.

FIN.

9 782329 602677